1 Spure nach und ergänze.

1

1 Spure nach und schreibe.

2 Male O o farbig aus.

2 ☺ 😐 ☹

Lösung ▸ S. 17

1 Spure nach und schreibe.

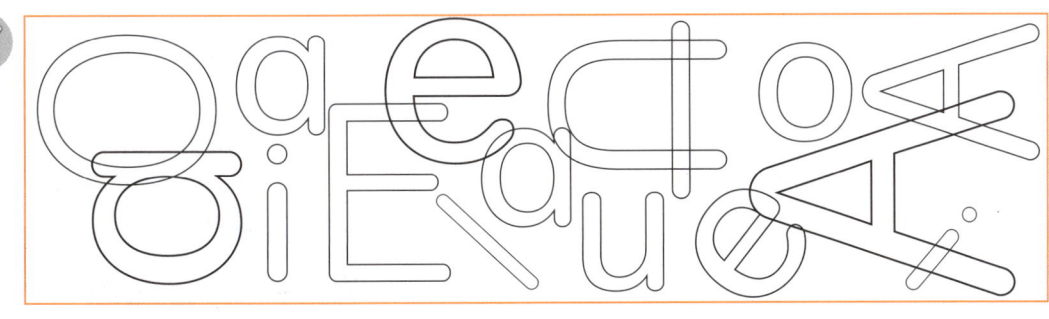

2 Male A a farbig aus.

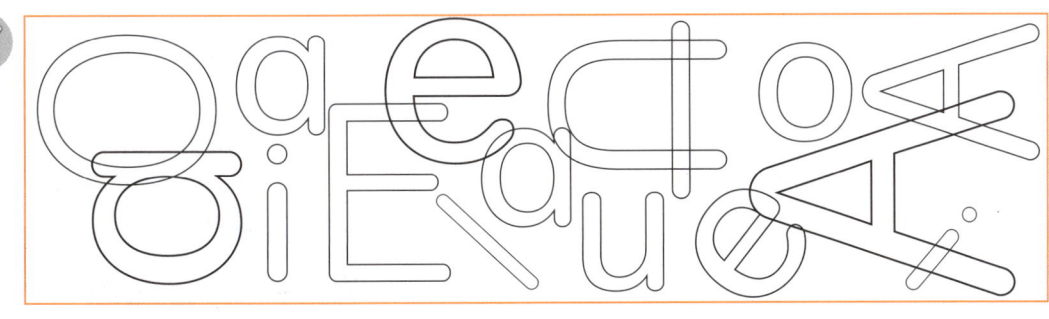

Lösung ▸ S. 17

☺ 😐 ☹ 3

1 Spure nach und schreibe.

U U U

u u u

U u

2 Spure Au au nach.

Au	au	Au	au	Au
au	Au	au	Au	au

Aus A und u wird Au.

1 Spure nach und schreibe.

E E E

e e e

E e

2 Spure Eu eu nach.

Eu	eu	Eu	eu	Eu
eu	Eu	eu	Eu	eu

Aus E und u wird Eu.

☺ 😐 ☹ 5

1 Spure nach und schreibe.

2 Spure Ei ei nach.

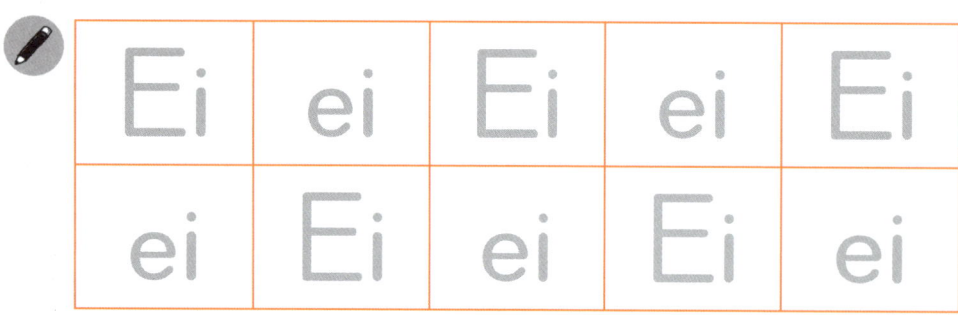

Ei	ei	Ei	ei	Ei
ei	Ei	ei	Ei	ei

Aus E und *i* wird Ei.

☺ 😐 ☹

1 Finde die versteckten Buchstaben und male sie aus.

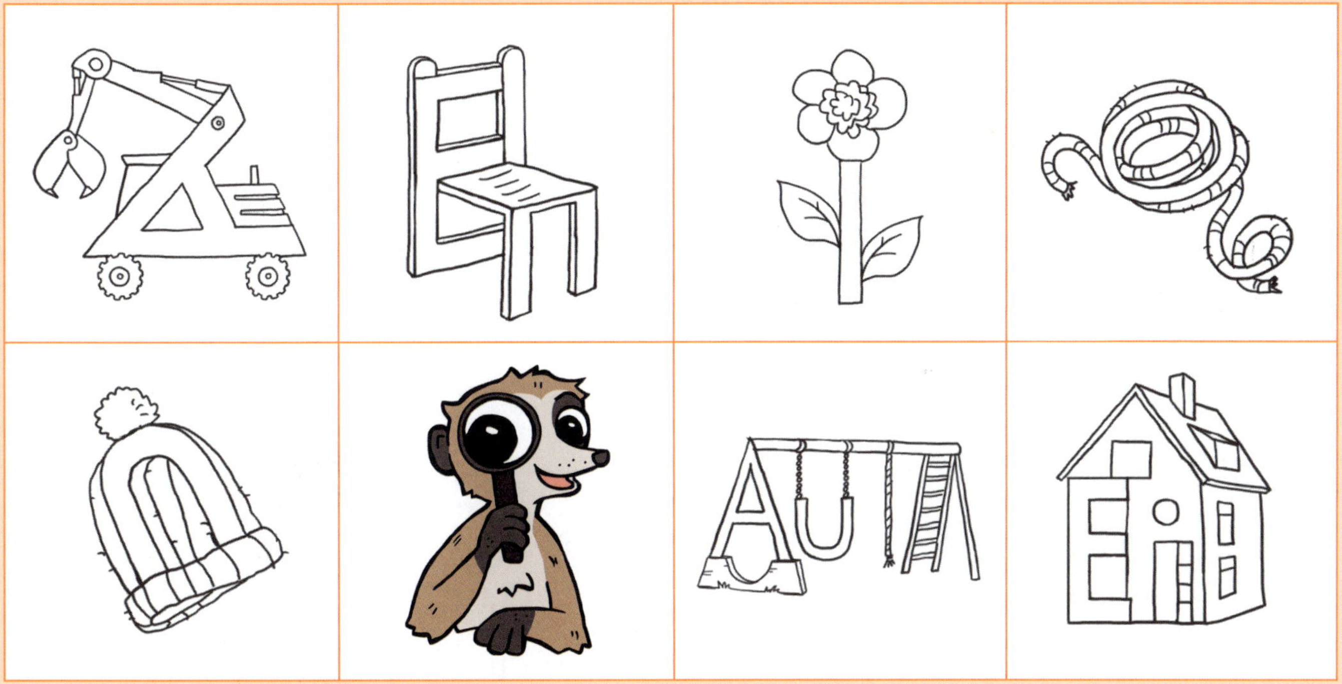

1 Spure nach und schreibe.

N N N

n n n

in an

2 Male N n farbig aus.

A	N	a	o	m	n	E	U	n	e	o	a	N	I
O	n	n	E	A	N	a	I	N	n	U	E	N	O
m	n	M	N	i	N	U	M	n	A	N	o	n	M
i	N	U	a	n	n	I	O	n	U	i	N	n	u
u	n	i	e	I	N	A	m	N	E	o	u	n	e

Lösung ► S. 17

1 Spure nach und schreibe.

M M M

m m m

im am

2 Spure nach und ergänze.

Lockere deine Finger: Lass alle Finger kreisen!

	a	e	i	o	u
M	Ma	Me			
m	ma				

☺ 😐 ☹ 9

1 Spure nach und schreibe.

L L L

l l

Lama   lila

2 Male L l farbig aus.

O	F	U	f	i	L	U	e	N	O	e	i	a	m
l	A	e	u	E	l	n	M	n	A	L	O	A	U
L	f	M	o	u	L	F	o	U	i	L	e	M	u
L	N	a	A	e	l	l	L	e	o	L	u	n	E
l	L	L	F	u	O	E	i	a	o	l	l	l	m

Lila ist meine Lieblingsfarbe.

   Lösung ▸ S. 18

1 Spure nach und schreibe.

F F F F

f f f

Fee   fein

2 Spure nach
und ergänze.

*Lockere deine Finger:
Mache eine Faust und
strecke die Finger!*

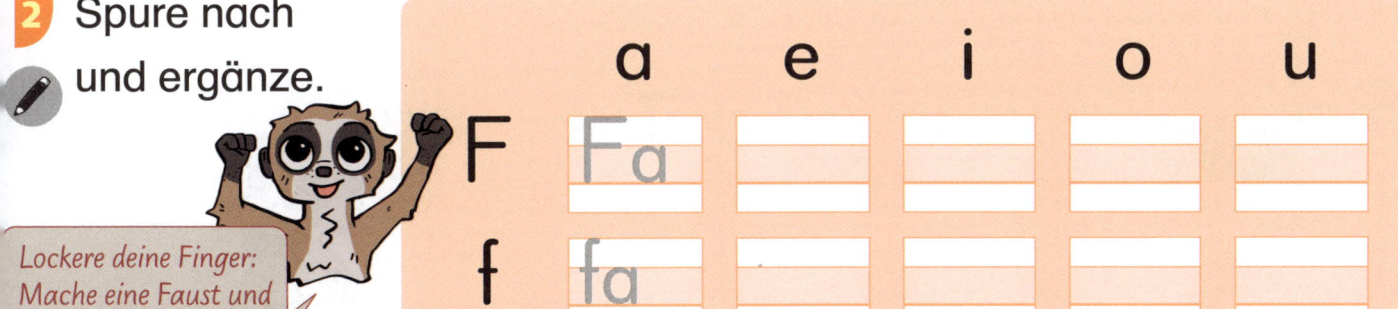

	a	e	i	o	u
F	Fa				
f	fa				

😊 😐 ☹️ 11

1 Spure nach und schreibe.

T T

t t

Tee toll

2 Schreibe die Wörter richtig auf.

e a f l T

a m T o e t

Ta

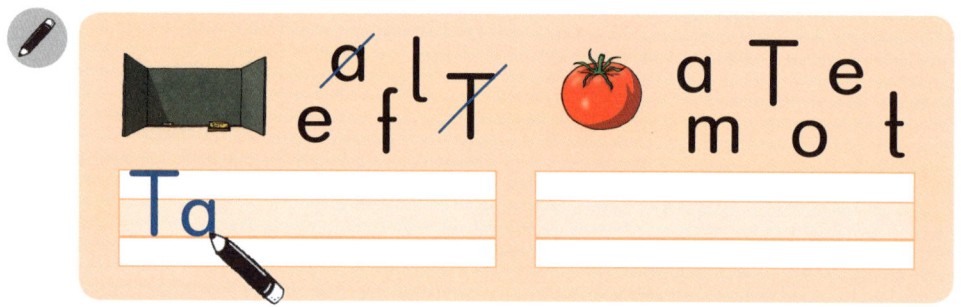

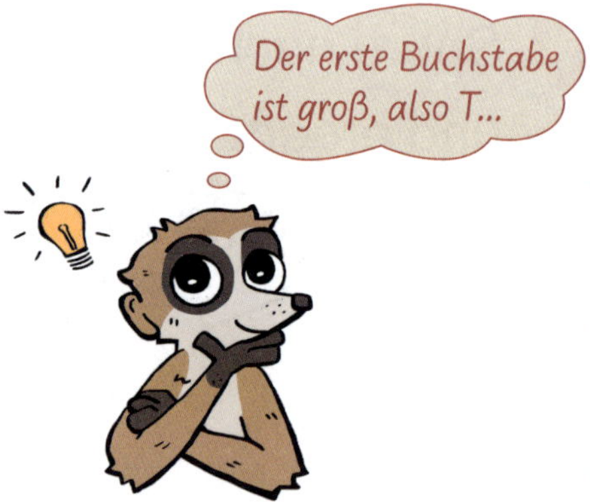
Der erste Buchstabe ist groß, also T...

Lösung ▸ S. 18

1 Spure nach und schreibe.

S S S

s s s

Salat so

2 Spure nach. Ergänze die Reimwörter mit S s.

mein

sein

meine

s

Tonne

S

Lösung ▸ S.18

☺ ☺ ☹ 13

1 Spure nach und schreibe.

P P P

p p p

Papa   plus

2 Schreibe die Wörter richtig auf.

m
a P l e
P

pp P
u e

l i P n s
e

P

☺ 😐 ☹

1 Spure nach und schreibe.

R R R

r r r

Rose   rot

2 Spure nach und ergänze.

	a	e	i	o	u
R	Ra				
r					

☺ 😐 ☹ 15

1 Spure nach und schreibe.

V V V   v v

W W W   w w

von   wo

2 Spure nach. Ergänze die Reimwörter mit W oder V.

Tal   Kater   Riese

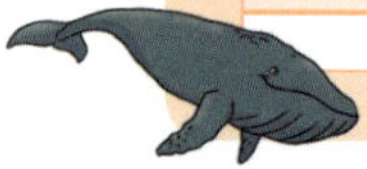

O o schreiben

1 Spure nach und schreibe.

2 Male O o farbig aus.

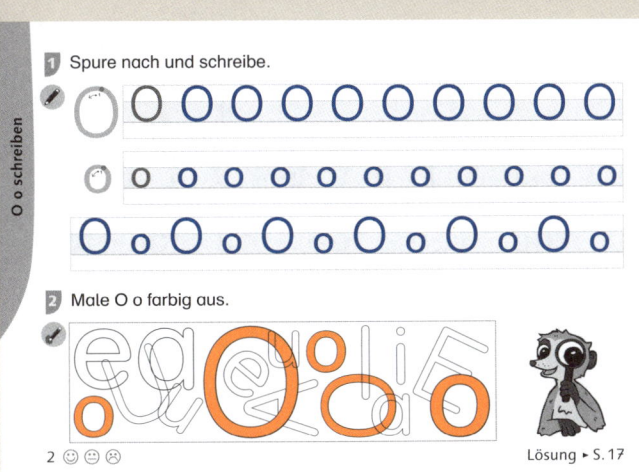

2 ☺ ☺ ☹

Lösung ▸ S. 17

A a schreiben

1 Spure nach und schreibe.

2 Male A a farbig aus.

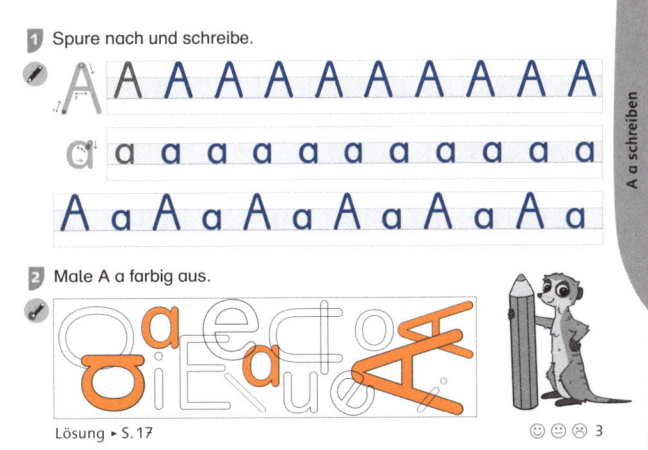

Lösung ▸ S. 17

☺ ☺ ☹ 3

1 Finde die versteckten Buchstaben und male sie aus.

Viel Spaß!

Lösung ▸ S. 17

7

N n schreiben

1 Spure nach und schreibe.

in in in in in an an an an an

2 Male N n farbig aus.

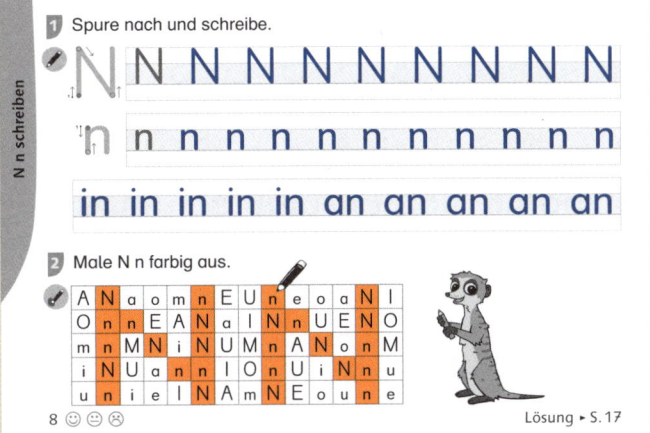

8 ☺ ☺ ☹

Lösung ▸ S. 17

L l schreiben

1 Spure nach und schreibe.

L L L L L L L L L L

l l l l l l l l l l

Lama Lama Lama lila lila

2 Male L l farbig aus.

Lila ist meine Lieblingsfarbe.

O	F	U	f	i	L	U	e	N	O	e	i	a	m
L	A	e	u	E	l	n	M	n	A	L	O	A	U
L	f	M	o	u	L	F	o	U	i	L	e	M	u
L	N	a	A	e	l	L	l	e	o	L	u	n	E
l	L	L	F	u	O	E	i	a	o	l	l	l	m

10 ☺ ☺ ☹   Lösung ▸ S. 18

T t schreiben

1 Spure nach und schreibe.

T T T T T T T T T T T

t t t t t t t t t t t t

Tee Tee Tee toll toll toll

2 Schreibe die Wörter richtig auf.

Der erste Buchstabe ist groß, also T...

Tafel   Tomate

12 ☺ ☺ ☹   Lösung ▸ S. 18

S s schreiben

1 Spure nach und schreibe.

S S S S S S S S S

s s s s s s s s s s s s

Salat Salat Salat so so so

2 Spure nach. Ergänze die Reimwörter mit S s.

mein	meine	Tonne
sein	seine	Sonne

Lösung ▸ S. 18   ☺ ☺ ☹ 13

P p schreiben

1 Spure nach und schreibe.

P P P P P P P P P P

p p p p p p p p p p p p

Papa Papa Papa plus plus

2 Schreibe die Wörter richtig auf.

Palme   Puppe   Pinsel

14 ☺ ☺ ☹   Lösung ▸ S. 18

Druckschrift

Name
....

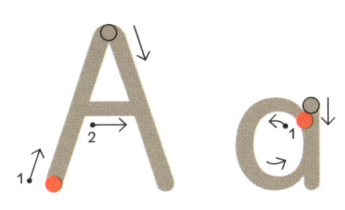

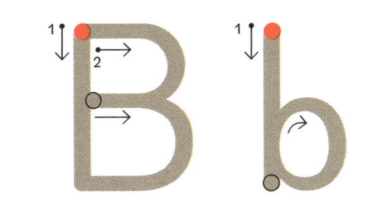

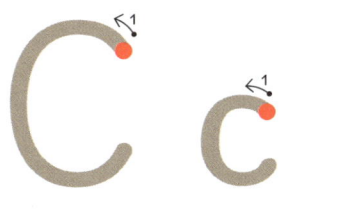

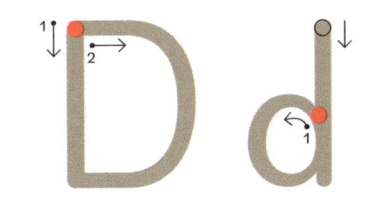

• starten
○ anhalten

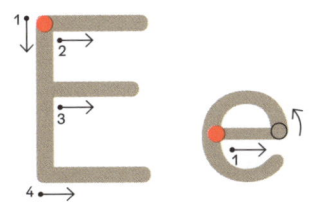

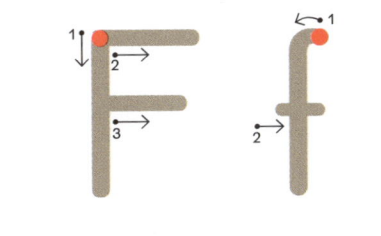

Viel Spaß

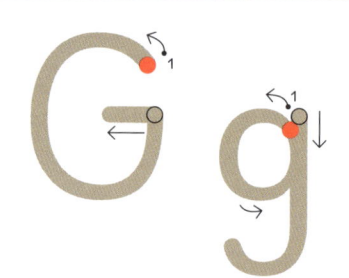

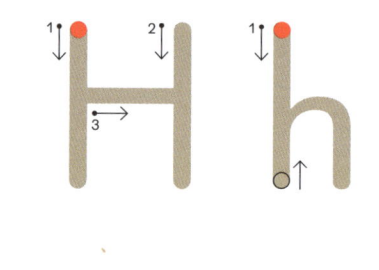

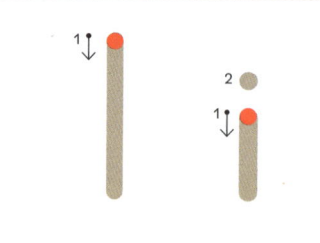

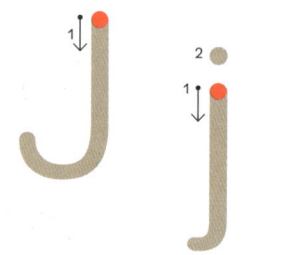

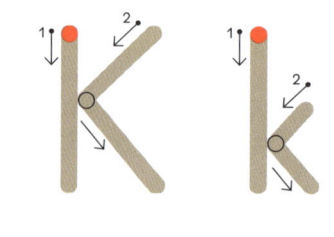

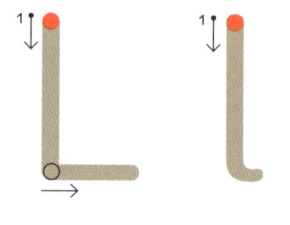

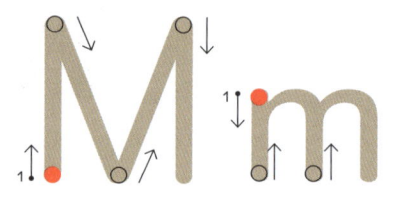

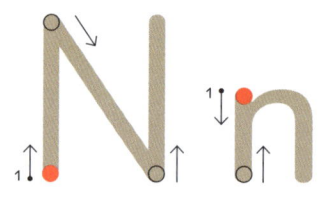

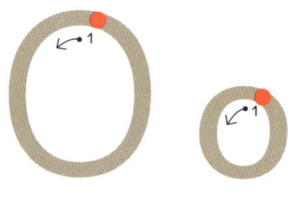

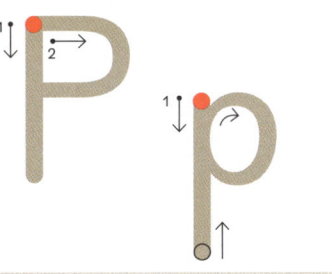

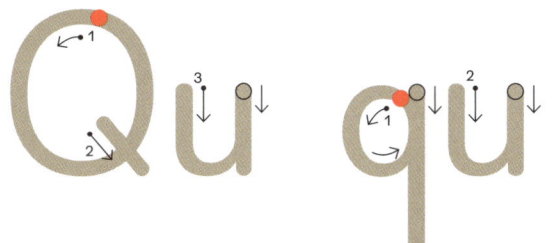

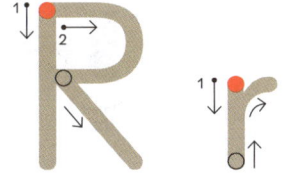

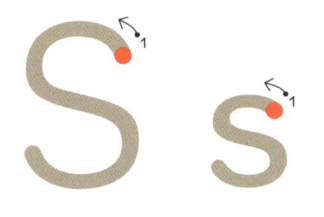

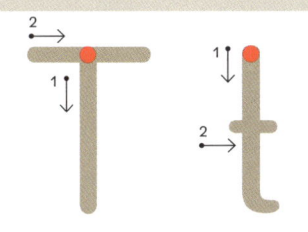

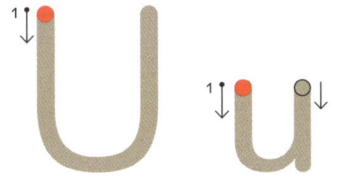

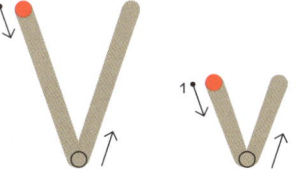

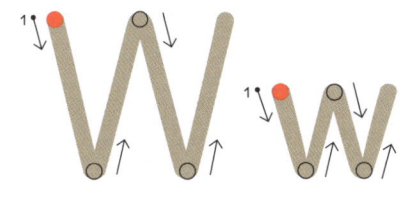

21

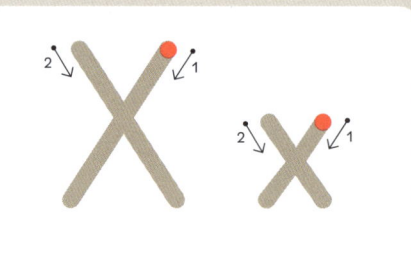

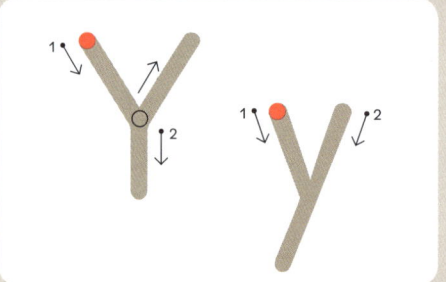

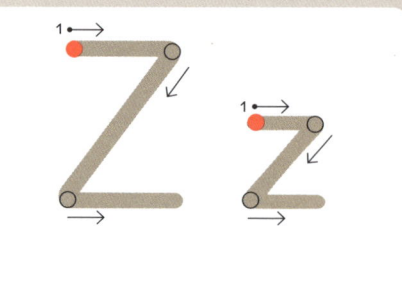

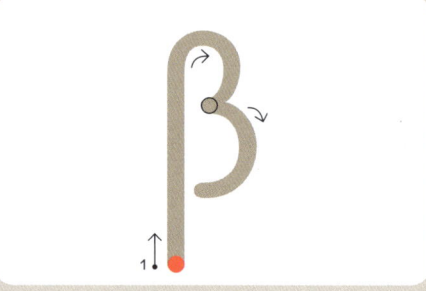

Übe die häufigen Wörter.

auf

an in um

am im zu zum

nun mit und ein mein

der die das eine einer sein

ich du er sie es wir ihr alle

wo wie wer was dann aber ist sind

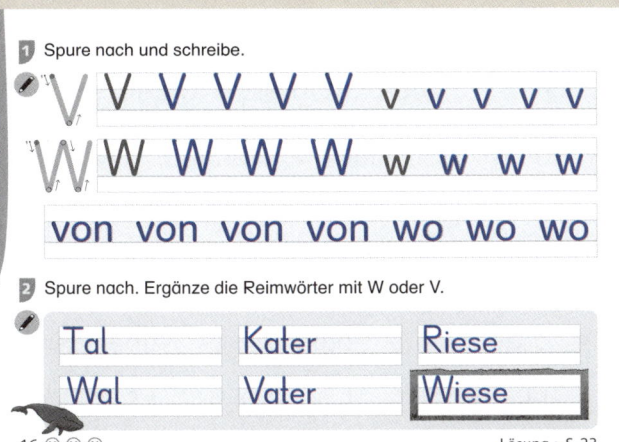

1 Spure nach und schreibe.

V V V V V v v v v v

W W W W W w w w w w

von von von von wo wo wo

2 Spure nach. Ergänze die Reimwörter mit W oder V.

Tal	Kater	Riese
Wal	Vater	Wiese

16 ☺ ☺ ☹   Lösung ▸ S. 23

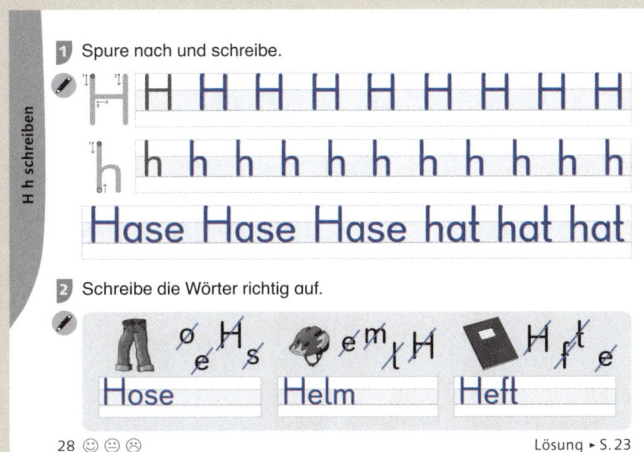

1 Spure nach und schreibe.

H H H H H H H H H H

h h h h h h h h h h h

Hase Hase Hase hat hat hat

2 Schreibe die Wörter richtig auf.

Hose	Helm	Heft

28 ☺ ☺ ☹   Lösung ▸ S. 23

Viel Spaß!

1 Finde 5 Tiere und schreibe sie auf.

In der ersten Zeile versteckt sich der …

A	Y	W	A	L	X	Z	T	H	I
B	C	H	R	V	P	K	W	Q	L
D	N	X	Y	M	J	A	F	F	E
U	B	C	V	K	Z	T	W	S	H
K	F	G	P	A	P	A	G	E	I
S	J	Z	E	V	X	Q	R	P	D
F	W	E	S	E	L	X	C	G	K
Y	B	J	K	P	F	D	O	Z	I
M	H	V	O	G	E	L	X	V	N
H	T	J	M	C	Q	W	Z	S	F

WAL

AFFE

PAPAGEI

ESEL

VOGEL

Lösung ▸ S. 23   29

1 Spure nach und schreibe.

K K K K K K K K K K

k k k k k k k k k k k

Kind Kind Kind kalt kalt kalt

2 Spure nach. Ergänze die Reimwörter mit K k.

Tanne	mein	laufen
Kanne	kein	kaufen

30 ☺ ☺ ☹   Lösung ▸ S. 23

Lösungen

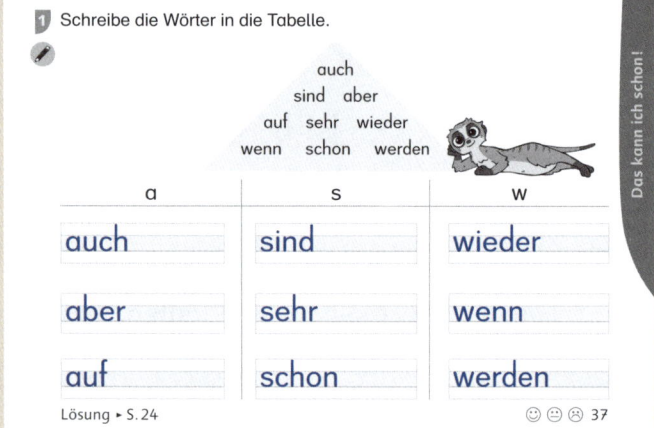

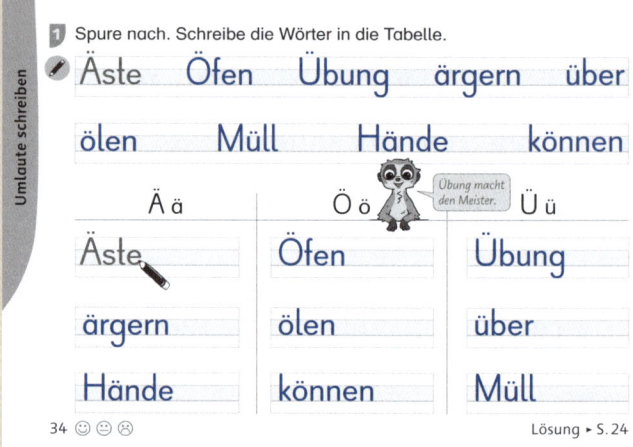

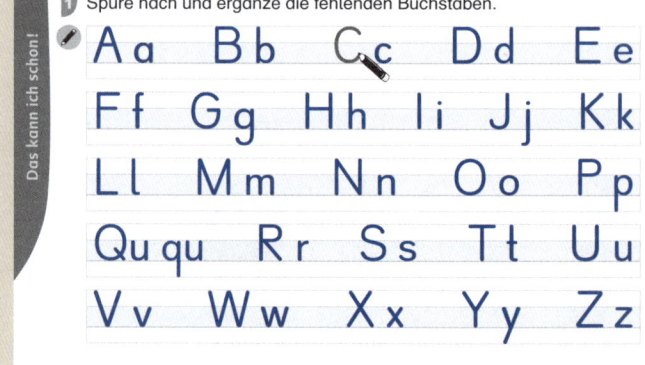

1 Spure nach und schreibe.

J J J J J J J J J J J

j j j j j j j j j j j j

Junge Junge Junge ja ja ja

2 Male J j farbig aus.

A	E	J	M	V	j	W	O	F	C	j	p	U	J
n	D	j	B	L	A	T	L	G	R	j	v	K	e
S	r	j	k	H	J	f	a	h	m	J	s	L	j
J	b	j	g	s	j	c	t	J	a	D	N	j	J
j	J	J	u	J	P	w	j	J	J	o	J	J	

Lösung ▸ S.24

☺ ☺ ☹ 31

1 Spure nach. Schreibe die Wörter in die Tabelle.

Äste   Öfen   Übung   ärgern   über

ölen   Müll   Hände   können

Übung macht den Meister.

Ä ä	Ö ö	Ü ü
Äste	Öfen	Übung
ärgern	ölen	über
Hände	können	Müll

34 ☺ ☺ ☹

Lösung ▸ S.24

1 Schreibe die Wörter in die Tabelle.

auch
sind   aber
auf   sehr   wieder
wenn   schon   werden

a	s	w
auch	sind	wieder
aber	sehr	wenn
auf	schon	werden

Lösung ▸ S.24

☺ ☺ ☹ 37

1 Spure nach und ergänze die fehlenden Buchstaben.

A a   B b   C c   D d   E e

F f   G g   H h   I i   J j   K k

L l   M m   N n   O o   P p

Qu qu   R r   S s   T t   U u

V v   W w   X x   Y y   Z z

38 ☺ ☺ ☹

Lösung ▸ S.24

1 Spure nach und schreibe.

C C C   c c

G G G

g g g

Gras   gut

Cent

Lockere deine Finger:
Berühre den Daumen
nacheinander
mit allen Fingern!

☺ 😐 ☹   25

D d schreiben

1 Spure nach und schreibe.

D D D

d d

Dorf   die

2 Spure nach.

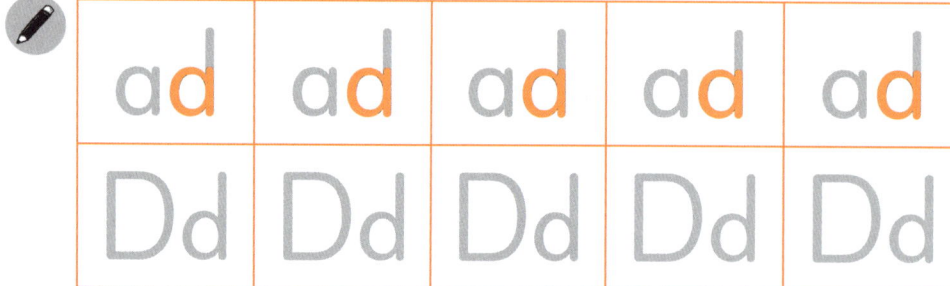

ad	ad	ad	ad	ad
Dd	Dd	Dd	Dd	Dd

In *d* steckt *a*.

☺ 😐 ☹

1 Spure nach und schreibe.

B B B

b b b

Bett   blau

2 Spure nach.

Bb	Bb	Bb	Bb	Bb
Bb	Bb	Bb	Bb	Bb

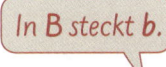

In B steckt *b*.

☺ 😐 ☹ 27

1 Spure nach und schreibe.

H   H   H

h   h

Hase   hat

2 Schreibe die Wörter richtig auf.

o e H s   e m l H   H f t e

Lösung ▶ S. 23

1 Finde 5 Tiere und schreibe sie auf.

In der ersten Zeile versteckt sich der …

A	Y	W	A	L	X	Z	T	H	I
B	C	H	R	V	P	K	W	Q	L
D	N	X	Y	M	J	A	F	F	E
U	B	C	V	K	Z	T	W	S	H
K	F	G	P	A	P	A	G	E	I
S	J	Z	E	V	X	Q	R	P	D
F	W	E	S	E	L	X	C	G	K
Y	B	J	K	P	F	D	O	Z	I
M	H	V	O	G	E	L	X	V	N
H	T	J	M	C	Q	W	Z	S	F

1 Spure nach und schreibe.

K K

k k

Kind kalt

2 Spure nach. Ergänze die Reimwörter mit K k.

Tanne mein laufen

Lösung ▸ S. 23

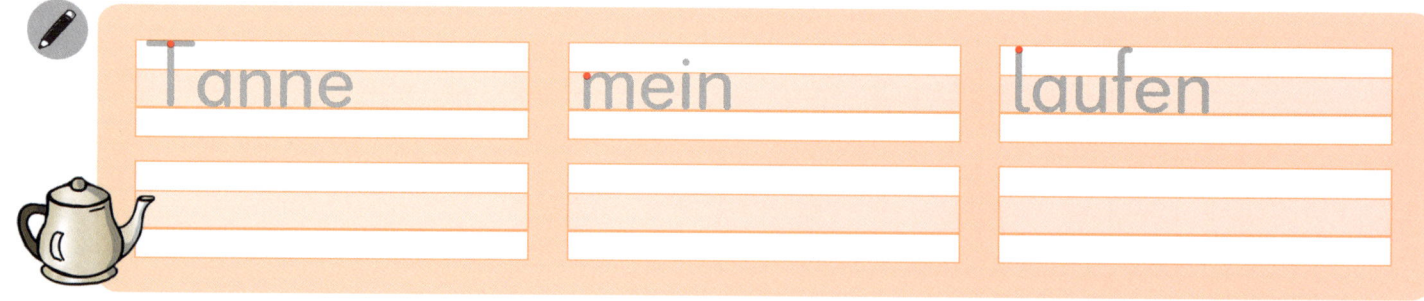

1 Spure nach und schreibe.

J J J

j j j

Junge

ja

2 Male J j farbig aus.

A	E	J	M	V	j	W	O	F	C	j	p	U	J
n	D	j	B	L	A	T	L	G	R	j	v	K	e
S	r	j	k	H	J	f	a	h	m	J	s	L	j
J	b	j	g	s	j	c	t	J	a	J	d	N	j
j	J	J	u	J	j	P	w	j	j	J	o	J	J

Jippie!

1 Spure nach und schreibe.

☺ 😐 ☹

Lockere deine Finger:
Reibe die Hände
und schüttle sie aus!

1 Spure nach und schreibe.

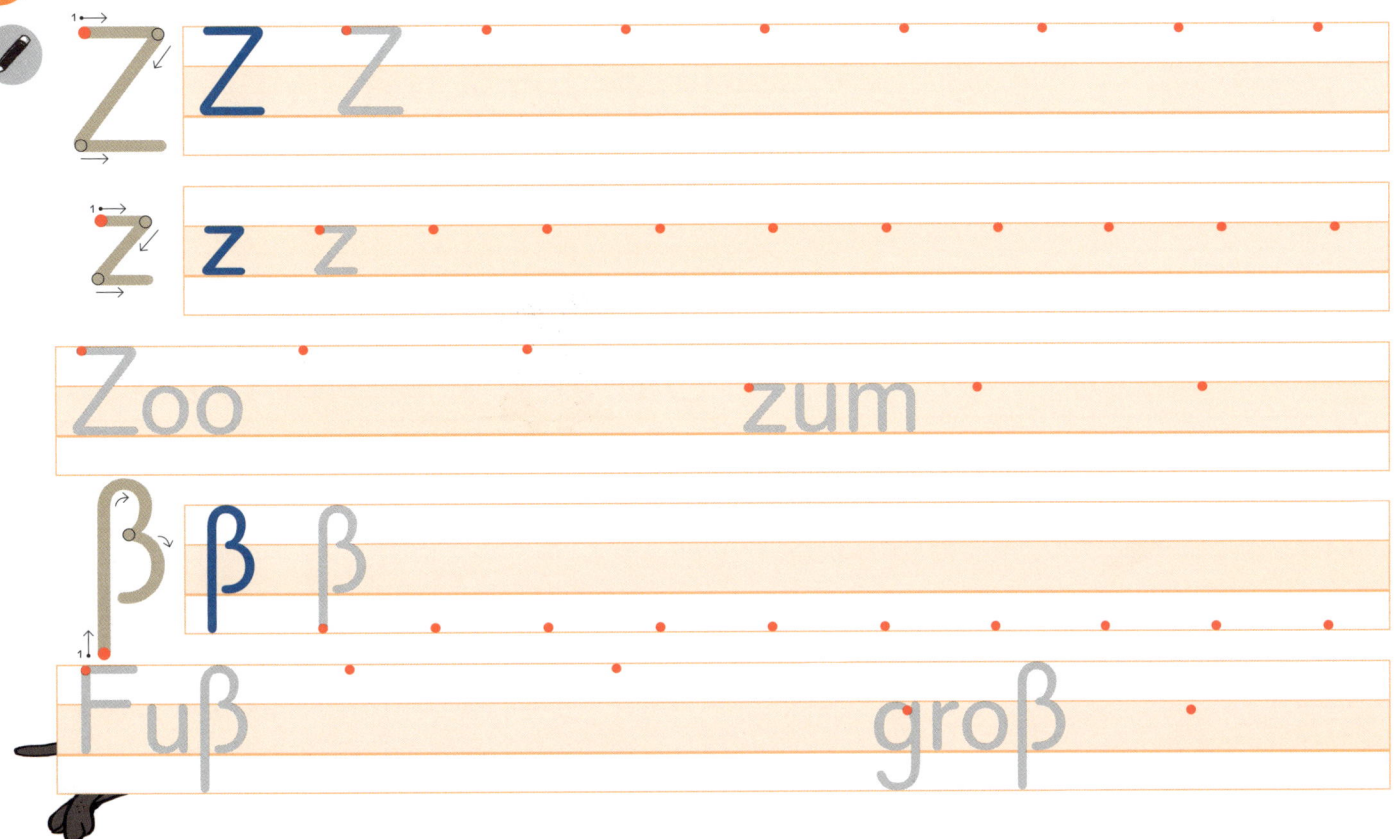

Z Z Z

z z z

Zoo   zum

ß ß ß

Fuß   groß

☺ ☺ ☹ 33

1 Spure nach. Schreibe die Wörter in die Tabelle.

Äste   Öfen   Übung   ärgern   über

ölen   Müll   Hände   können

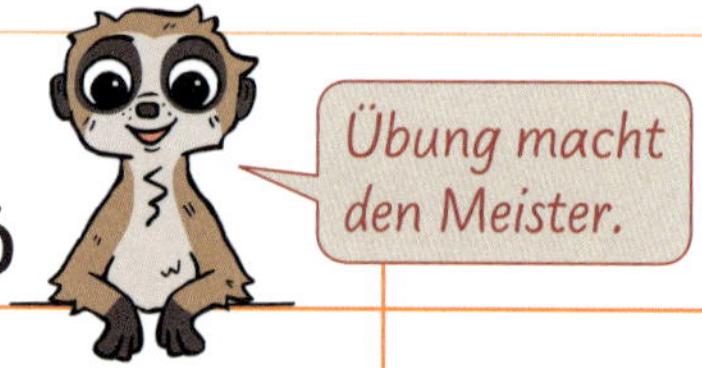

Ä ä	Ö ö	Ü ü
Äste		

Übung macht den Meister.

1 Spure nach. Decke ab und schreibe.

So schreibst du richtig ab:

Schneide die Anleitung
auf S. 39 aus.
Decke damit die Wörter ab.

Ball

Dach

Haus

Auto

Pony

☺ 😐 ☹ 35

1 Spure nach. Decke ab und schreibe.

Verwende die Anleitung von Seite 39.

Name

Uhr

Auge

Tag

Bein

Fest

Pulli

Geld

Kleid

Euro

1 Schreibe die Wörter in die Tabelle.

auch
sind   aber
auf   sehr   wieder
wenn   schon   werden

a	s	w

Lösung ▶ S. 24

 37

1 Spure nach und ergänze die fehlenden Buchstaben.

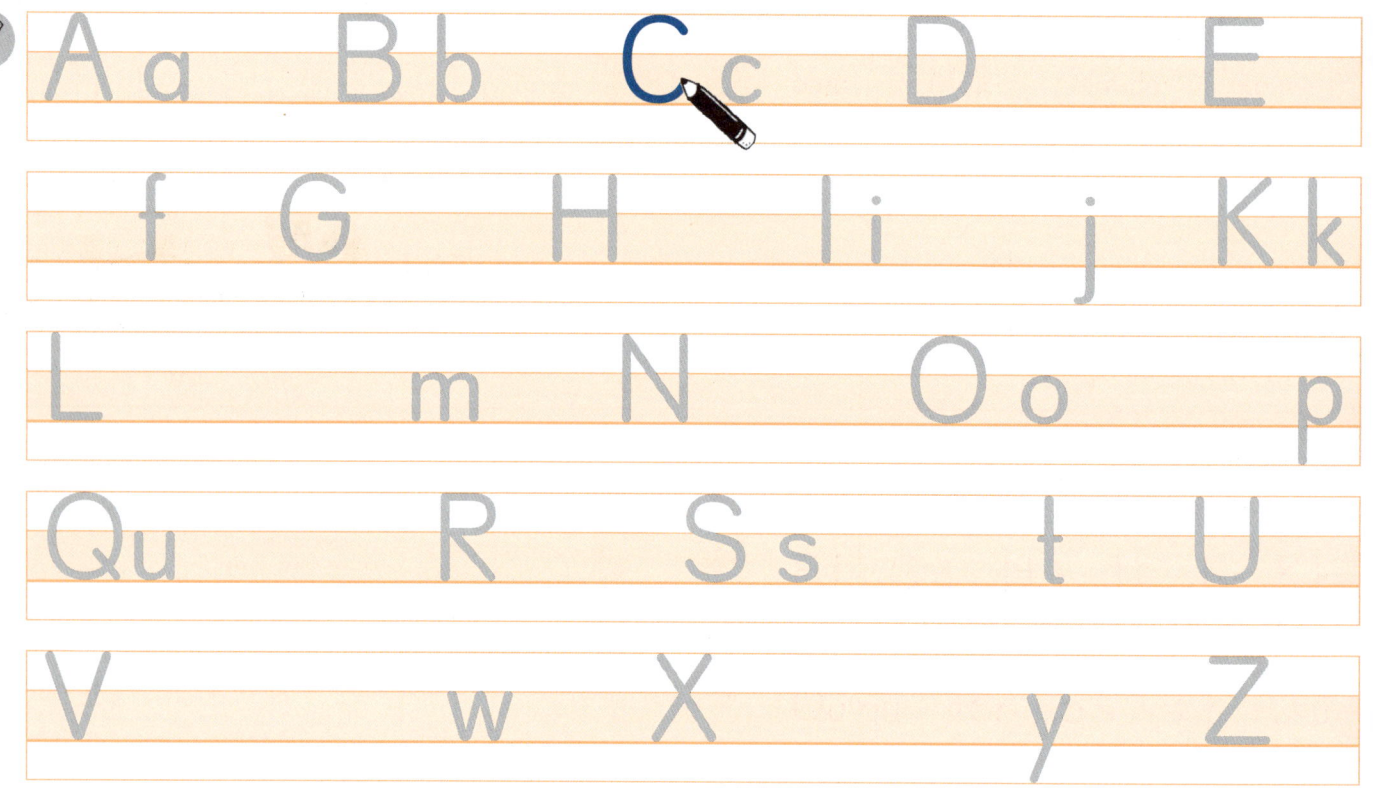

A a   B b   C c   D   E

f   G   H   I i   j   K k

L   m   N   O o   p

Qu   R   S s   t   U

V   w   X   y   Z

Das kann ich schon!

Lösung ▶ S. 24

1 Lies genau und schneide aus.
So schreibst du richtig ab:

 lesen

 merken

 abdecken

 schreiben

 vergleichen

Viel Spaß!

Glückwunsch!
Du kannst jetzt
Druckschrift schreiben.

Datum: _____._____._____